DINOSAURS

Mazes
Word Search
Crossword Puzzle
Sudoku
Coloring Pages
Four in a Row
and lots more!

Activity Book
For Kids
Age 6-12

www.amazon.com/author/angelduran

<a href='https://pngtree.com/so/angry'>angry png from pngtree.com</a>

Dinosaurs

J	N	L	T	Z	G	C	E	C	Y	G	L	P	M	Y	X
R	C	I	N	R	D	J	V	J	Y	K	J	V	H	S	C
W	D	B	Y	W	I	G	W	F	U	T	W	A	A	V	M
T	D	R	A	Z	I	L	I	Z	L	N	D	C	W	C	A
T	I	E	G	K	A	U	E	G	L	F	P	O	G	H	E
N	U	W	P	X	A	R	N	H	A	D	L	J	C	I	T
I	J	H	W	T	P	P	T	V	O	N	Z	P	K	R	E
E	C	B	H	D	Y	T	U	P	R	S	T	M	S	L	T
C	D	J	G	E	O	L	O	G	Y	V	W	I	P	S	B
Y	X	Y	P	P	N	R	G	R	W	H	K	U	C	B	X
D	P	A	L	E	O	N	T	O	L	O	G	I	S	T	Z
G	Z	Y	X	A	C	A	R	N	I	V	O	R	E	E	J
I	A	R	U	A	S	O	N	I	D	O	J	S	B	N	W
E	P	K	Y	H	Q	O	Y	M	W	X	W	F	W	L	P
L	Q	O	Z	K	L	L	C	I	Y	C	G	O	G	E	X
E	R	U	T	A	E	R	C	A	N	K	A	S	D	G	Y
V	W	H	E	R	B	I	V	O	R	E	Q	S	N	R	U
W	Y	V	T	V	U	C	B	R	M	Y	N	I	W	K	Q
R	E	P	T	I	L	E	W	A	E	P	Q	L	R	E	E
K	N	L	E	W	B	N	C	J	T	S	D	S	Z	L	E

Word List

carnivore   creature   dinosaur   fossil

geology   gigantic   herbivore   lizard

paleontologist   reptile

Maze 1

Puzzle 1

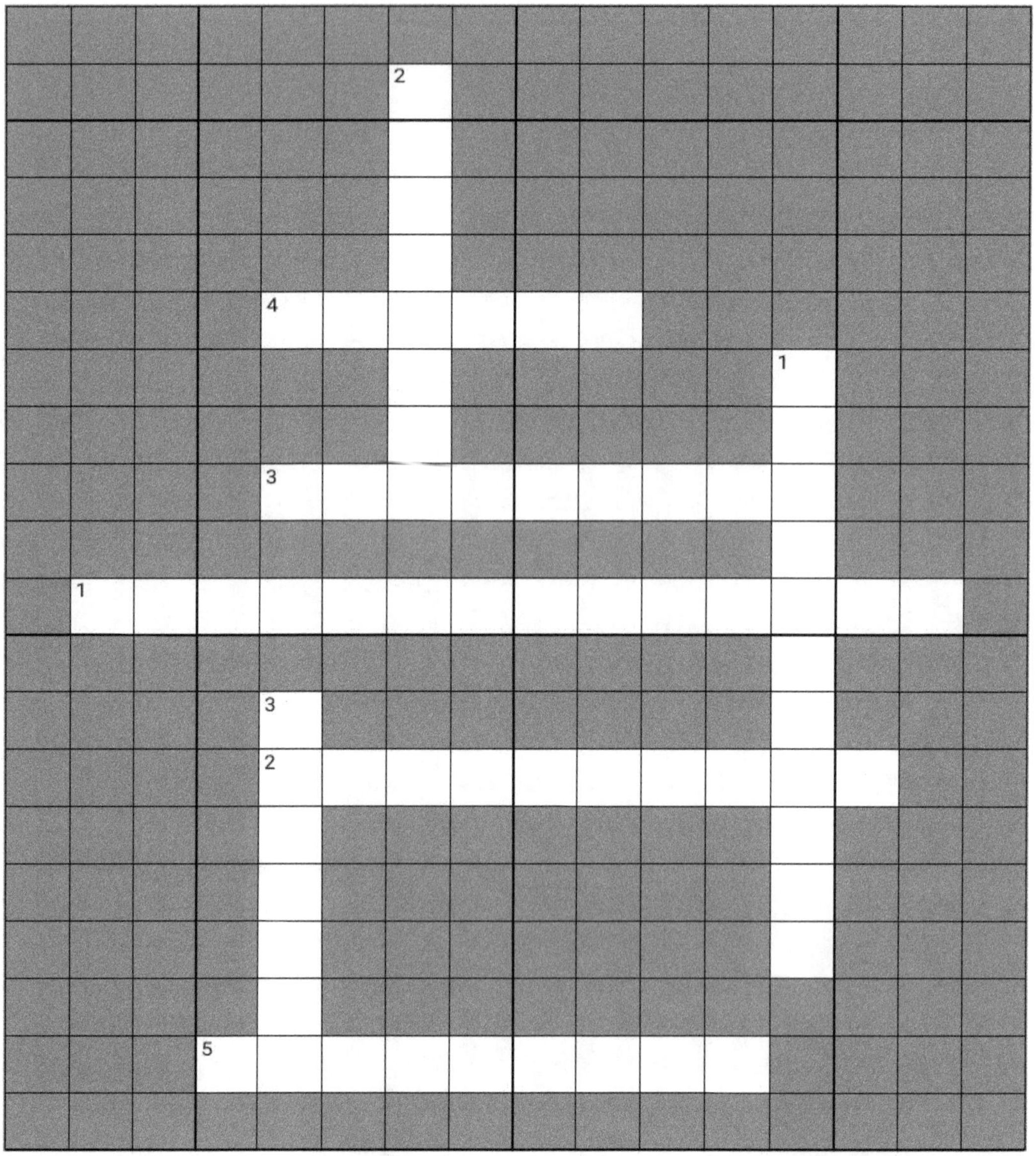

ACROSS 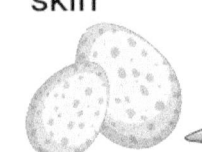　　DOWN

1. scientist who studies fossils
2. termination of a species
3. animal that eats flesh
4. remains of a prehistoric animal
5. animal that eats plants

1. before history
2. a reptile that is extinct
3. animal that has dry scaly skin

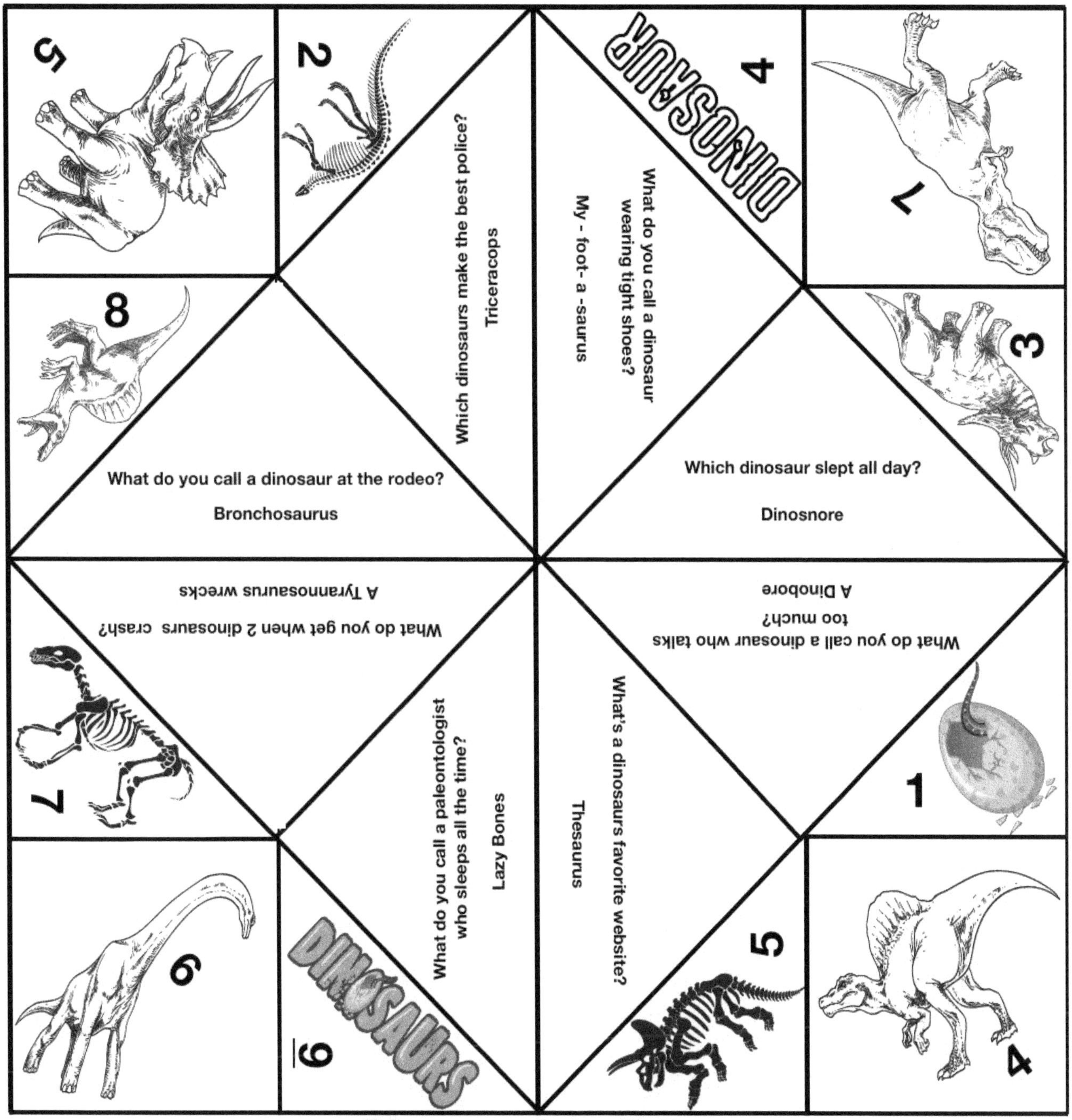

Dinosaur Joke Teller

- Which dinosaurs make the best police? Triceracops
- What do you call a dinosaur wearing tight shoes? My-foot-a-saurus
- DINOSAUR
- What do you call a dinosaur at the rodeo? Bronchosaurus
- Which dinosaur slept all day? Dinosnore
- What do you get when 2 dinosaurs crash? A Tyrannosaurus wrecks
- What do you call a dinosaur who talks too much? A Dinobore
- What do you call a paleontologist who sleeps all the time? Lazy Bones
- What's a dinosaurs favorite website? Thesaurus
- DINOSAURS

- Cut along the outer paper square.
- Fold paper in half (vertically) with design facing up. Unfold paper.
- Fold paper in half again (horizontally) with design facing up. Unfold paper again.
- Place design face down. The blank side should be on top.
- Fold each corner to the center.
- Flip paper over, questions will be facing up and it should look like a square.
- Fold each corner to the center.
- Crease along center lines into a square. Unfold small square.
- Fold all corners up into a big square and then insert fingers under each flap

Era of the Dinosaurs

P	O	J	V	T	A	Y	M	Q	G	G	P	U	V	P	E
J	T	G	N	Z	B	L	F	C	N	A	D	Y	T	L	F
F	G	C	L	V	H	K	L	R	L	A	R	N	I	K	G
K	T	R	N	A	X	P	T	E	E	E	F	S	M	K	Y
C	R	Q	K	I	V	E	O	T	R	H	V	D	E	K	G
B	I	E	R	D	T	Z	Z	A	B	F	C	X	L	P	D
V	A	V	M	C	O	X	N	C	Y	K	I	Y	I	R	E
W	S	G	X	I	S	D	E	E	C	A	O	G	N	E	Q
W	S	C	C	I	O	K	J	O	W	A	Z	H	E	H	T
T	I	F	Z	O	U	Y	W	U	I	D	O	Q	P	I	H
O	C	C	L	R	K	T	B	S	C	R	N	B	A	S	S
W	O	T	I	D	S	C	C	I	K	W	E	J	U	T	C
L	X	G	K	O	D	A	S	A	X	W	C	H	Y	O	E
O	F	E	N	H	Z	S	H	M	J	R	U	W	X	R	B
K	Q	O	G	Z	A	O	G	G	Q	P	M	G	E	I	D
G	A	A	E	R	Q	B	S	O	N	S	Q	O	X	C	X
R	I	Q	U	V	M	D	R	E	M	Y	O	E	I	G	X
B	T	J	U	Z	M	G	J	J	M	H	Z	F	Y	G	B
X	B	K	K	P	Y	Y	I	A	P	S	R	N	I	L	Q
T	D	D	J	R	D	A	S	Z	K	B	G	F	N	Q	E

Word List

cenozoic   cretaceous   era   extinct   jurassic   mesozoic

paleozoic   prehistoric   timeline   triassic

Maze 2

Dots and Boxes Game

How to play: Two players take turns to join two dots that are next to each other, with a horizontal or vertical line. If a player completes the 4th side of a box, they initial that box. The winner is the player with the most boxes, when all the dots are completed.

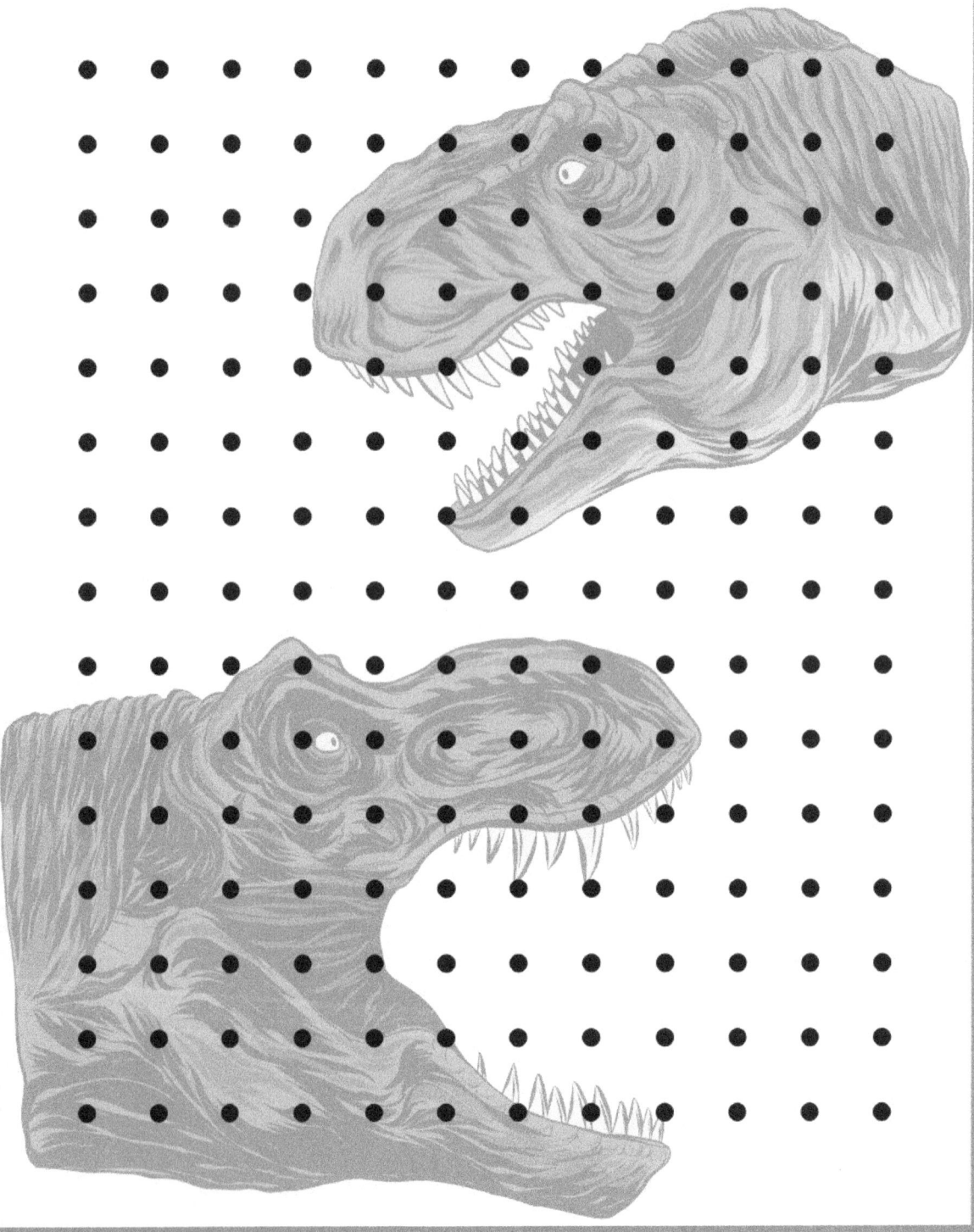

Dinosaurs Starting With the Letter "A"

T	F	C	M	V	X	Y	X	K	A	N	F	T	B	W	K
K	S	J	S	D	F	E	C	V	O	X	C	Y	T	T	T
W	I	O	B	P	X	Q	I	W	O	A	F	M	F	D	E
N	L	R	R	N	O	M	A	L	J	Z	Z	W	G	Y	F
A	O	A	R	O	I	T	G	D	X	G	B	Y	F	T	T
M	H	N	G	M	T	N	A	F	V	T	I	E	X	M	T
Y	P	U	U	C	M	A	A	R	D	N	R	Z	P	H	Q
G	O	S	H	G	J	G	N	K	E	L	R	F	Q	E	L
D	H	D	D	M	U	D	Q	E	G	C	C	E	M	L	R
A	T	F	M	W	E	Y	G	K	V	B	A	P	V	S	M
L	N	I	X	F	M	Z	L	B	W	O	S	V	S	Y	R
O	A	N	T	R	O	D	E	M	U	S	R	I	A	U	F
D	C	S	D	X	P	Z	X	U	I	L	Q	F	M	F	D
O	A	X	I	V	T	I	P	J	N	I	J	I	A	P	E
N	S	P	O	T	A	R	E	C	I	H	C	N	A	K	C
H	U	C	Y	R	S	U	R	U	A	S	O	L	L	A	Z
F	X	R	U	G	A	L	T	I	S	P	I	N	A	X	V
D	D	X	X	S	U	R	U	A	S	O	L	Y	K	N	A
C	V	V	K	T	K	Y	B	B	X	Z	W	R	R	K	L
Q	S	U	Q	B	A	W	Q	W	O	D	X	C	M	E	A

Word List

acanthopholis   afrovenator   allosaurus   altispinax   amygdalodon

anchiceratops   ankylosaurus   antrodemus   avaceratops   avimimus

Four In A Row!

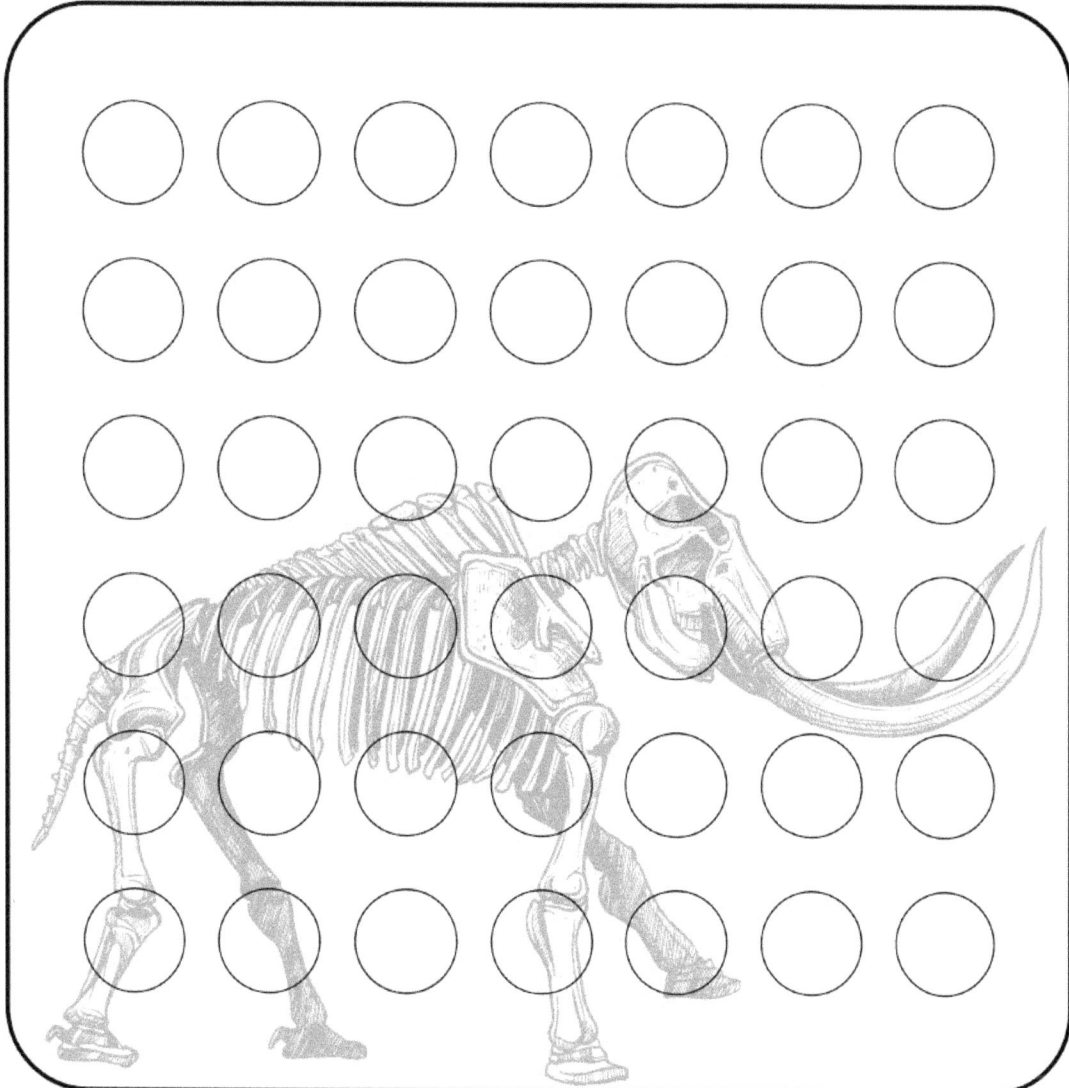

Instructions for no gravity variation

This is a game for two players. They share a board.

Each player has a different color pen.

Players take it in turns to color any circle in their color.

The winner is the first person to connect four circles horizontally, vertically or diagonally.

Instructions for gravity variation

This is a game for two players. They share a board.

Each player has a different color pen.

Players take it in turns to color a circle in their color. They may only color the bottom-most empty circle in any column.

The winner is the first person to connect four circles horizontally, vertically or diagonally.

Dinosaurs Starting With the Letter "B"

B	O	T	H	R	I	O	S	P	O	N	D	Y	L	U	S
J	R	B	A	G	A	C	E	R	A	T	O	P	S	E	X
J	S	P	O	T	A	R	E	C	Y	H	C	A	R	B	C
Z	A	O	S	U	R	U	A	S	O	I	H	C	A	R	B
I	U	L	J	R	Y	C	P	S	E	Y	O	K	R	V	U
P	M	T	S	T	R	Z	Q	K	I	J	O	X	Q	B	B
K	M	N	U	N	B	L	N	Z	V	V	Y	N	E	R	H
C	N	T	R	D	D	R	N	Q	W	N	B	L	A	E	E
V	P	G	U	H	S	M	X	Y	O	P	L	D	U	B	J
M	J	P	A	O	G	P	Z	Y	J	U	Y	S	A	O	E
C	K	R	S	W	K	B	R	W	S	C	I	C	E	I	C
I	G	M	A	G	T	A	X	A	N	K	T	J	Z	K	H
L	M	C	P	P	B	P	U	E	Q	R	N	A	G	K	C
Z	Q	G	A	A	F	R	M	V	O	E	W	Q	V	G	Q
B	F	F	R	H	U	E	T	S	E	Q	Q	A	R	G	Z
X	O	Q	A	S	R	J	A	A	C	P	G	R	L	S	U
U	R	K	B	Z	F	U	V	E	O	R	N	C	D	Y	Q
Q	Q	G	J	Y	R	K	D	O	H	L	N	E	X	H	V
D	E	Q	E	U	Y	W	H	H	T	B	O	R	K	N	Y
H	A	G	S	J	R	B	F	Q	L	G	Q	I	L	F	B

Word List

bactrosaurus   bagaceratops   barapasaurus   baryonyx

bellusaurus   bothriospondylus   brachiosaurus   brachyceratops

bradycneme

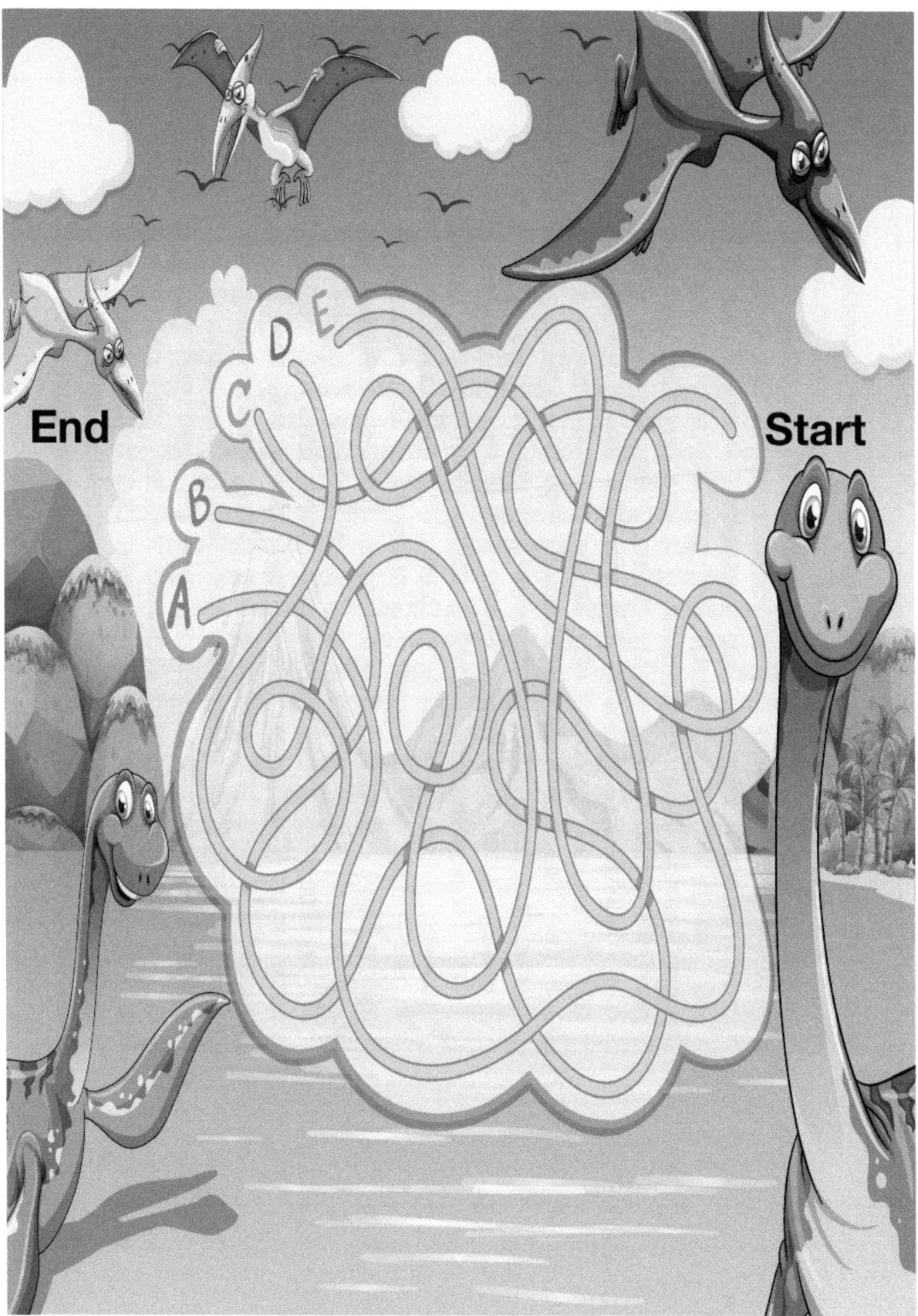

Maze 3

#1 Dinosaur Sudoku

Each row, column and 2 x 2 block, contain all 4 items.

column goes / Row goes

Dinosaurs Starting With the Letter "C"

E	D	Y	F	X	B	Z	Z	Q	T	D	V	M	K	H	C
F	Z	W	C	C	O	E	L	O	P	H	Y	S	I	S	R
S	C	I	P	M	Y	C	A	M	Z	R	W	P	W	D	O
C	I	J	A	B	I	C	B	L	D	K	H	X	D	C	T
O	K	L	E	N	N	L	V	D	S	B	U	C	H	H	P
L	U	I	L	Y	W	A	T	L	I	S	N	N	E	I	A
O	D	N	Z	B	C	V	E	R	H	U	C	P	C	R	R
R	D	V	T	Z	F	K	D	D	Z	R	D	E	S	O	O
A	L	D	O	Y	X	M	F	H	G	U	R	W	A	S	H
D	U	Z	Q	P	F	J	P	W	A	A	P	V	S	T	C
I	S	B	N	P	M	A	Z	I	T	S	F	H	C	E	N
S	S	A	F	K	B	A	T	O	O	O	C	S	R	N	O
A	M	O	C	S	V	O	S	O	Z	T	S	C	T	O	C
U	M	W	K	U	L	A	Z	B	U	P	U	N	U	T	A
R	S	K	Y	E	U	I	L	E	W	M	R	F	S	E	B
U	S	L	M	R	M	M	Z	R	I	A	U	T	M	S	V
S	F	A	U	B	R	L	U	Y	T	C	L	Z	H	A	F
Q	C	S	K	N	S	Y	I	D	T	Z	E	X	Y	O	A
S	S	M	S	P	O	T	A	R	E	C	O	F	V	L	Z
D	A	O	X	T	I	A	S	B	U	G	C	T	R	E	B

Word List

camelotia	camptosaurus	ceratops	ceratosaurus
chirostenotes	coelophysis	coelurus	coloradisaurus
conchoraptor			

How to say "Dinosaur" in multiple languages.

Spanish:	dinosaurio
French:	dinosaure
German:	dinosaurier
Italian:	dinosauro
Filipino:	dinosauro
Somali:	xayawaan qiroweyn
Swedish:	dinosaurie
Turkish:	dinozor
Polish:	dinozaur
Norwegian:	dinosaur
Lithuanian:	dinozauras
Irish:	dineasáir
Czech:	dinosaurus
Albanian:	dinozaur
Croatian:	dinosaurus
Hungarian:	dinoszaurusz
Russian:	динозавр (dinozavr)
Ukrainian:	динозавр (dynozavr)
Greek:	δεινόσαυρος (deinósavros)
Chinese:	恐龍 (kǒnglóng)
Mongolian:	үлэг гүрвэлийн
Thai:	ไดโนเสาร์
Vietnamese:	Khủng long
Japanese:	恐竜

Dinosaurs Starting With the Letter "D"

K	P	U	C	L	N	T	W	A	H	L	Y	T	D	T	A
V	M	D	Y	O	P	S	X	B	M	G	Y	Q	G	G	L
K	R	H	I	U	V	U	L	O	A	O	G	A	O	S	A
B	R	Q	D	C	J	R	D	U	F	N	M	J	S	U	A
E	A	F	H	G	E	U	D	G	Q	F	I	S	U	M	V
H	M	O	D	J	H	R	U	X	C	O	O	U	R	I	X
D	P	S	H	K	O	T	A	I	F	U	U	H	U	M	X
P	R	Y	U	C	V	N	O	T	M	S	Z	C	A	O	L
B	G	A	C	R	D	E	X	W	O	G	U	Y	S	I	P
A	N	S	C	M	U	C	D	Q	A	P	O	N	O	E	Q
U	P	U	E	O	H	A	Z	G	O	Y	S	O	C	C	N
G	R	C	I	P	P	D	S	G	M	X	T	N	O	I	L
L	I	O	Z	E	Y	E	Q	U	H	P	V	I	L	M	F
V	C	D	W	U	U	Z	L	B	O	E	P	E	S	O	B
D	K	O	P	R	Q	H	Z	T	U	T	W	D	Y	R	K
Y	H	L	S	A	N	O	Z	R	A	K	A	E	D	D	H
W	R	P	G	R	M	M	G	Y	A	D	V	D	W	K	G
A	S	I	V	J	O	V	W	I	B	X	X	G	B	R	J
A	J	D	P	R	D	T	N	O	D	O	N	I	E	D	S
V	T	F	L	X	U	E	Z	G	O	H	O	H	I	T	E

Word List

dacentrurus   datousaurus   deinodon   deinonychus

diceratops   diplodocus   dracopelta   dromiceiomimus

dyslocosaurus

Maze 4

Cross of the letters when they are guessed incorrectly

Trace Over Image

Write your Letters for the hangman here:

Cross of the letters when they are guessed incorrectly

Trace Over Image

Write your Letters for the hangman here:

Dinosaurs Starting With the Letter "E"

W	Q	Q	W	Z	W	V	T	Z	M	N	Y	V	R	G	T
E	U	C	E	N	T	R	O	S	A	U	R	U	S	M	R
Z	S	U	L	A	H	P	E	C	O	L	P	O	U	E	J
A	A	X	U	F	I	T	X	M	E	V	Q	E	I	E	X
T	A	H	K	Z	D	Q	O	R	W	S	D	T	M	Y	K
E	R	Y	W	X	P	R	M	I	P	V	S	A	S	S	S
O	G	B	U	T	E	C	Q	O	A	R	U	U	U	K	T
R	S	W	T	P	Z	S	T	I	N	S	R	R	W	E	B
A	U	L	X	T	X	A	X	O	A	U	U	S	S	H	C
P	O	A	Q	A	R	V	D	U	A	A	A	U	T	L	B
T	P	F	B	E	S	O	R	S	S	J	S	G	R	F	B
O	X	Y	C	F	N	U	O	O	Y	X	O	S	O	S	U
R	T	O	C	I	S	K	M	K	Y	G	R	I	L	W	F
I	E	W	H	D	I	G	Z	Z	Z	V	H	X	G	I	W
O	Y	C	D	L	I	V	N	V	Z	A	P	V	Z	Y	C
G	E	C	R	N	E	R	T	Y	O	O	A	R	W	S	D
K	K	E	E	Y	B	W	Z	Z	S	T	L	Z	V	F	R
G	Q	J	A	L	O	Y	O	N	U	F	E	Q	F	X	Q
D	X	A	A	K	E	E	V	U	E	S	F	U	I	Y	V
X	U	L	C	U	Y	S	E	S	M	M	A	I	S	F	Y

Word List

echinodon   elaphrosaurus   emausaurus   enigmosaurus

eoceratops   eoraptor   erlikosaurus   eucentrosaurus

euoplocephalus

How Many Can You Find? DINOSAURS

Dinosaurs Starting With the Letters "F" and "G"

```
A N X I Q O R I H H U K T I R N
O G K V B S I D E I E P A F F S
U E N F A T A N R X H K N P U Y
D R X N S U R U A S O P Y R G O
R A K T P M L B E A G A U W A E
N N T L K T H A N A B A D G S P
O O Y A Q E V Q L J S L O U H S
Y S T X C Q F L H I G Y R J S F
B A R B T E I Z L I O U Z U Q W
P U O N M M J L H C A I M S O Z
T R X L I N E F E S I I A H Q O
H U E M V U F P O Q M I R X E Y
W S U B G Z H R H I R F I Q U U
A S C N X A B I D T K V Q K J N
L F E H L A B U Q E E N N R Y K
N R T E F V R O W T C Q K A E Y
F X S W P A Q U A A O M D Y H M
H Y M S G U I E T O R X T K I W
I S S U L O H T I V A R G B D Q
C S S E T C E D O Y N E G G N C
```

Word List

fabrosaurus   frenguellisaurus   gallimimus   garudimimuss

genyodectess   geranosauruss   goyocephales gravitholuss

gryposaurus

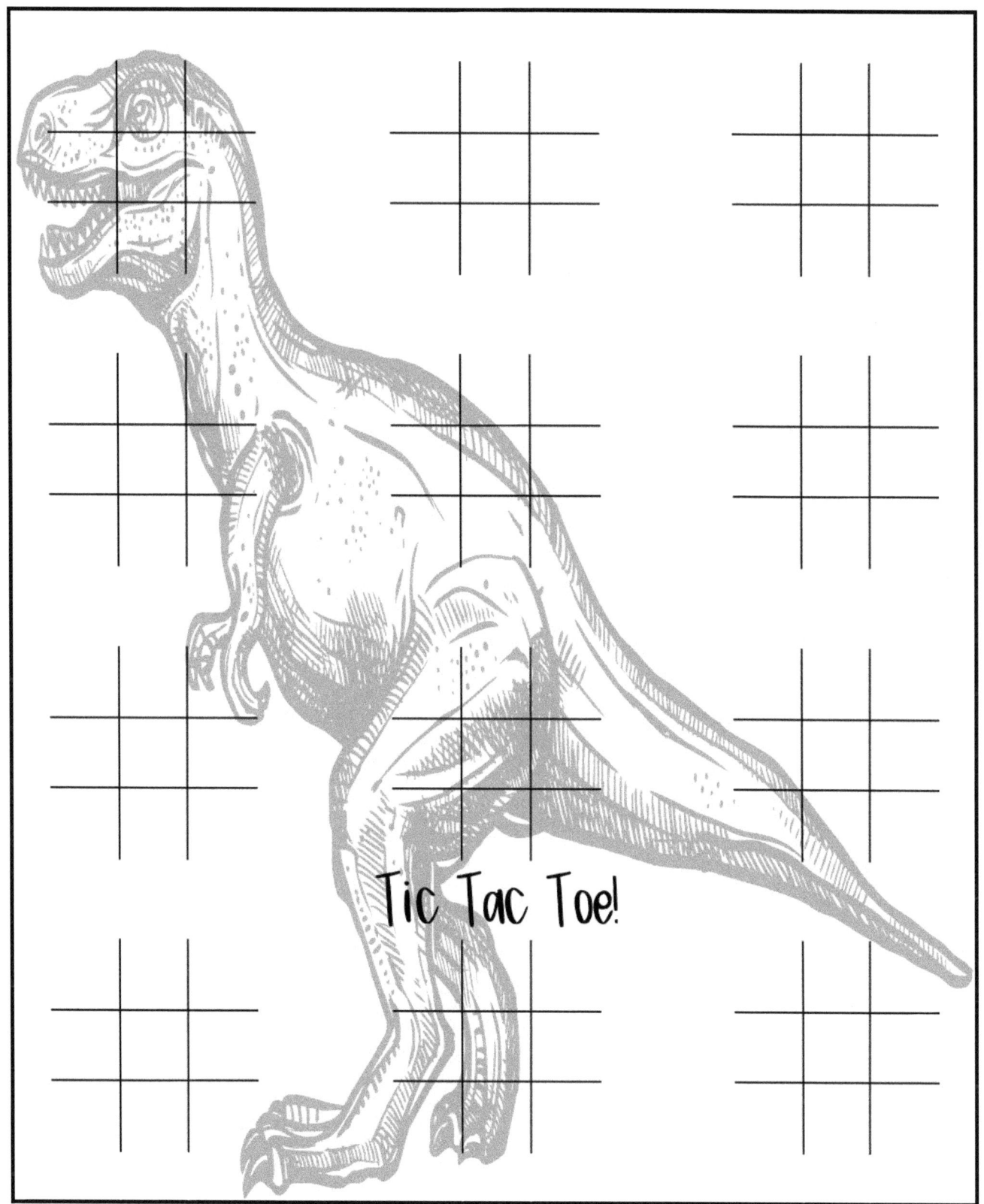

Dinosaurs Starting With the Letter "H"

C	F	F	B	Q	J	A	L	I	V	X	N	U	W	H	C
W	T	G	O	B	A	K	I	U	Z	B	I	U	E	M	U
S	I	P	J	T	P	G	H	D	X	I	Q	P	K	D	A
T	Y	E	T	Q	G	Y	Y	K	I	P	T	R	S	H	S
U	B	A	M	T	B	K	T	M	O	A	A	U	E	X	U
L	O	Q	D	H	X	L	V	F	S	H	R	R	E	P	R
I	B	B	K	E	R	F	J	T	A	U	R	L	S	W	U
O	G	L	Z	M	Y	B	E	D	A	E	H	U	H	H	A
T	X	I	Z	Q	M	O	R	S	R	A	R	Y	Y	H	S
C	K	T	V	W	R	O	O	A	R	U	P	P	N	L	O
C	W	P	I	N	S	G	S	P	A	A	S	W	X	J	E
J	I	N	I	A	N	A	Y	S	C	I	P	Y	G	A	A
M	G	S	U	A	U	M	O	R	L	X	F	Q	O	B	L
R	Z	R	Y	R	I	T	O	O	G	V	C	V	A	H	Y
V	U	A	U	M	I	S	P	U	O	U	M	J	J	S	H
S	U	S	U	L	A	H	J	G	G	L	S	I	L	Y	P
H	A	S	P	U	C	A	F	J	Z	I	Z	F	H	B	Z
E	H	O	R	D	X	F	T	M	U	K	J	X	T	R	U
K	H	U	O	E	B	J	T	V	Q	S	H	Z	S	B	Q
K	S	N	S	U	M	B	O	S	Z	Z	M	I	N	I	E

Word List

hadrosaurus   harpymimus   heptasteornis   herrerasaurus

hoplitosaurus   huayangosaurus   hylaeosaurus   hypacrosaurus

hypsilophodon

#2 Dinosaur Sudoku

Each row, column and 2 x 2 block, contain all 4 items.

__Column goes__   __Row goes__

Maze 5

Dinosaurs Starting With the Letters "I, J, K and L"

C	P	N	V	W	J	R	S	W	Q	A	J	C	U	Z	F
W	J	S	N	F	K	W	B	Y	R	H	X	B	D	P	L
Q	G	R	U	Q	Y	M	B	L	R	Q	E	W	Q	A	P
F	I	N	C	R	L	N	U	R	C	Q	B	N	B	N	W
J	G	G	O	D	U	D	N	R	M	U	L	O	W	T	E
K	H	F	V	I	D	A	M	R	E	B	C	J	V	J	T
T	A	S	T	G	Q	H	S	R	X	A	K	C	K	A	V
P	S	K	P	P	F	Z	J	O	N	X	S	K	R	X	H
S	T	A	E	O	C	P	X	I	E	G	E	I	K	A	L
N	U	V	I	N	T	D	A	B	Q	B	O	N	A	R	V
F	O	R	L	N	T	A	A	D	K	B	M	A	N	T	T
U	I	D	U	H	E	R	R	X	D	L	A	A	O	O	V
P	J	T	O	A	G	G	O	E	Q	Y	L	U	L	S	S
P	L	Z	E	N	S	F	N	S	C	Z	U	P	Z	A	Q
D	V	G	N	M	A	A	V	I	A	O	Q	P	V	U	U
I	D	B	N	W	I	U	T	F	P	U	T	L	H	R	G
V	G	P	G	L	Q	R	G	O	S	T	R	P	P	U	I
V	N	P	S	X	E	L	U	I	K	N	L	U	E	S	O
F	J	I	X	K	G	E	M	S	O	N	Q	C	S	L	E
K	H	S	I	V	S	E	K	J	N	I	H	O	E	J	G

Word List

iguanodon   ingenia   itemirus   jaxartosaurus   kentrosaurus

kotasaurus   labocania   lambeosaurus   leptoceratops

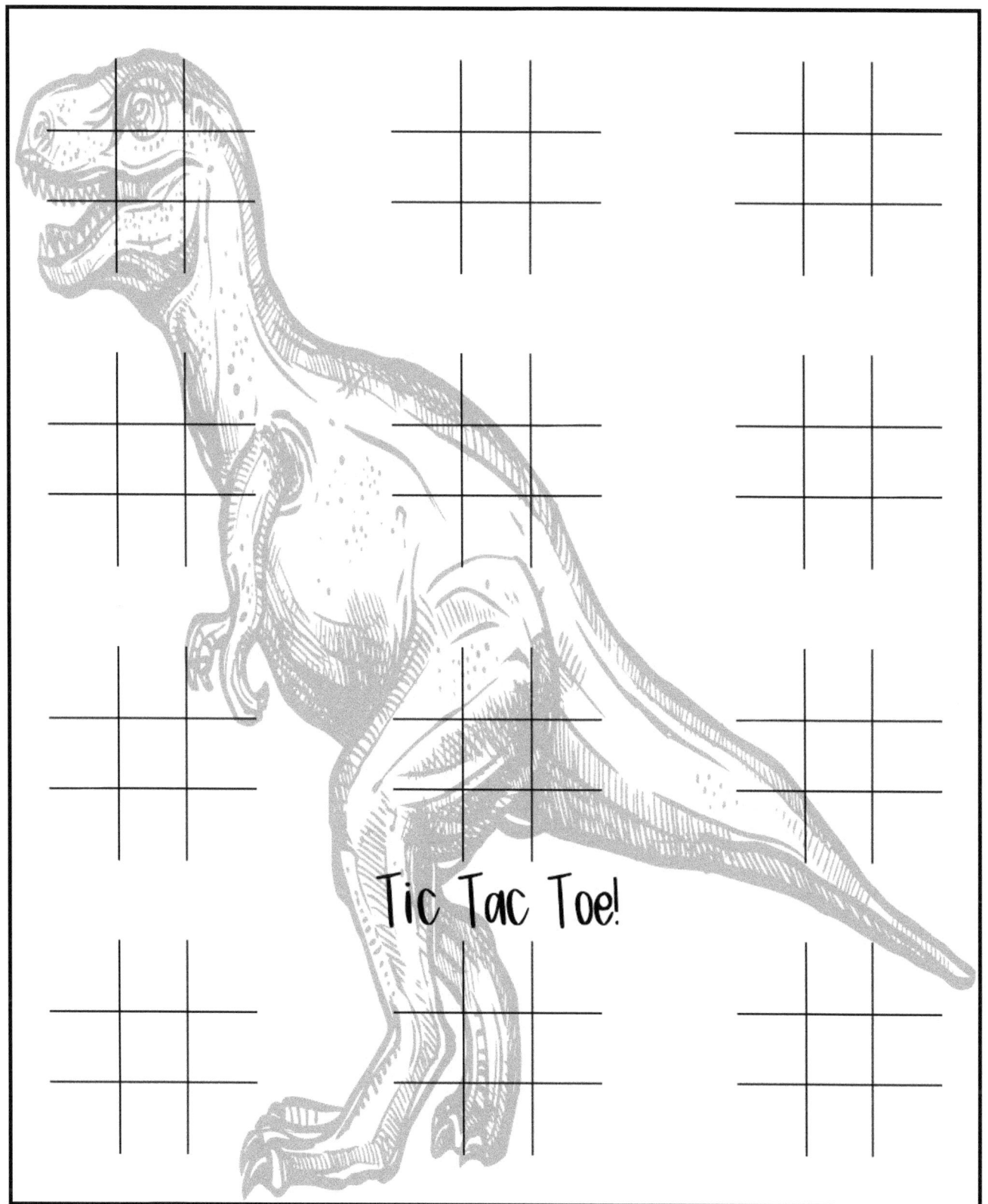
Tic Tac Toe!

Four In A Row!

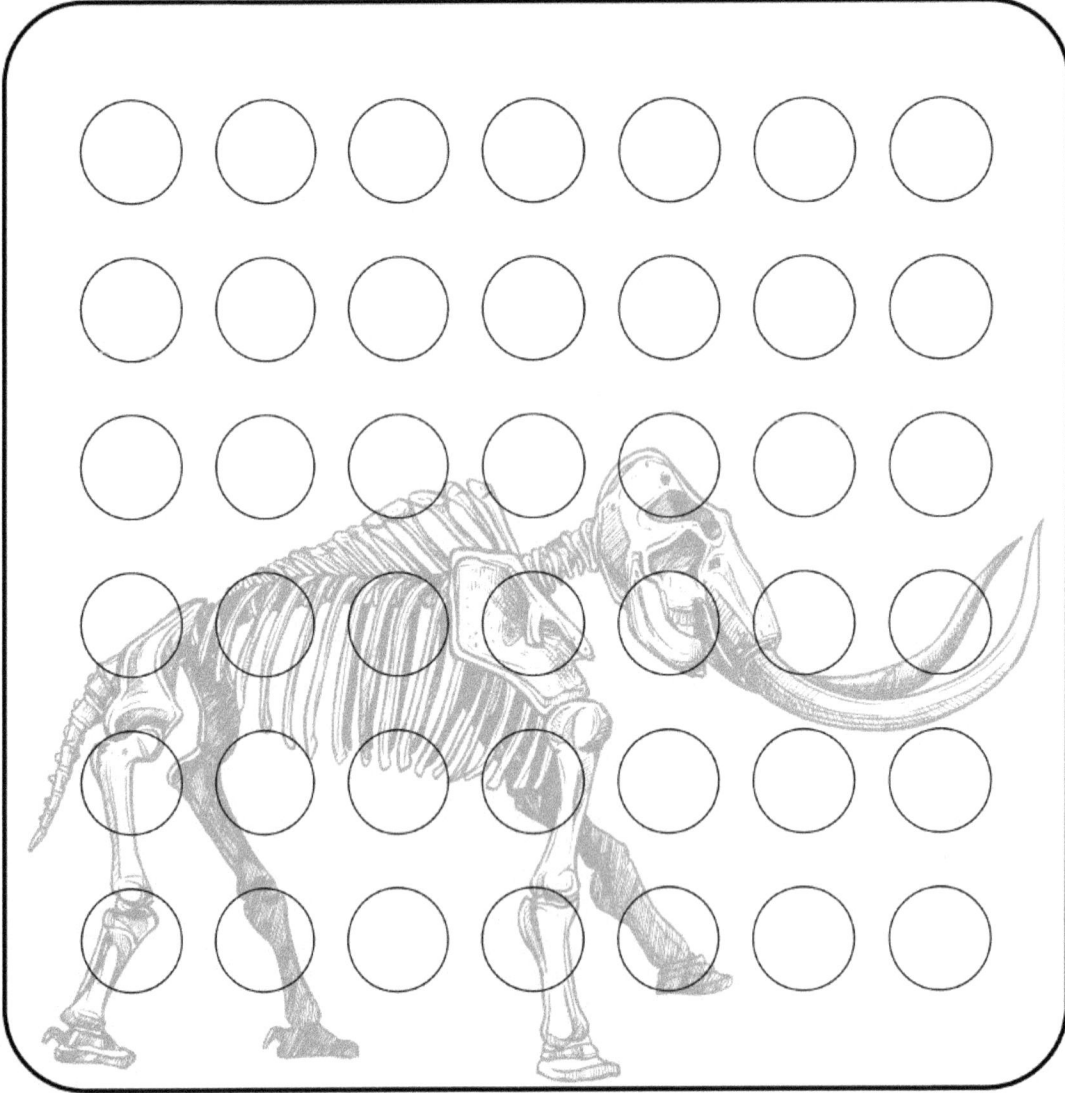

Instructions for no gravity variation

This is a game for two players. They share a board.

Each player has a different color pen.

Players take it in turns to color any circle in their color.

The winner is the first person to connect four circles horizontally, vertically or diagonally.

Instructions for gravity variation

This is a game for two players. They share a board.

Each player has a different color pen.

Players take it in turns to color a circle in their color. They may only color the bottom-most empty circle in any column.

The winner is the first person to connect four circles horizontally, vertically or diagonally.

Dinosaurs Starting With the Letter "M"

X	F	E	Y	P	P	F	B	E	T	N	T	S	H	B	J
M	K	C	D	D	F	D	H	L	X	T	L	R	Y	A	R
U	M	M	A	C	R	O	P	H	A	L	A	N	G	I	A
K	S	S	P	O	T	A	R	E	C	O	R	C	I	M	Q
M	U	A	M	U	E	A	V	V	A	Y	H	C	O	H	U
A	R	Z	P	B	W	V	Y	T	J	U	X	R	N	M	M
J	U	V	I	T	W	I	Y	J	I	G	R	U	A	A	I
U	A	G	A	R	U	A	S	A	I	A	M	S	T	P	N
N	S	Q	F	G	O	A	S	E	Y	G	S	B	Z	F	M
G	S	L	B	W	B	D	S	C	Q	O	H	B	T	A	I
A	U	T	O	H	W	I	U	W	S	Z	W	G	F	Q	M
T	M	G	C	T	Q	R	J	P	P	X	E	F	U	T	K
H	Q	P	O	U	A	Q	O	E	S	K	K	N	M	E	H
O	R	D	I	H	X	N	G	K	K	W	B	F	W	U	R
L	K	Z	H	O	D	Y	K	A	K	N	B	W	B	H	L
U	E	Z	L	Y	R	X	E	O	H	L	F	V	H	P	W
S	R	B	L	A	H	H	R	V	Y	C	W	X	T	L	Q
V	Q	U	M	E	G	A	L	O	S	A	U	R	U	S	M
D	S	U	C	O	D	D	R	U	U	Y	Z	Q	K	L	O
X	S	M	O	N	G	O	L	O	S	A	U	R	U	S	B

Word List

macrophalangia   maiasaura   majungatholus   massospondylus

megalosaurus   microceratops   minmi   mongolosaurus

mussaurus

abcdefghijklmn
opqrstuvwxyz

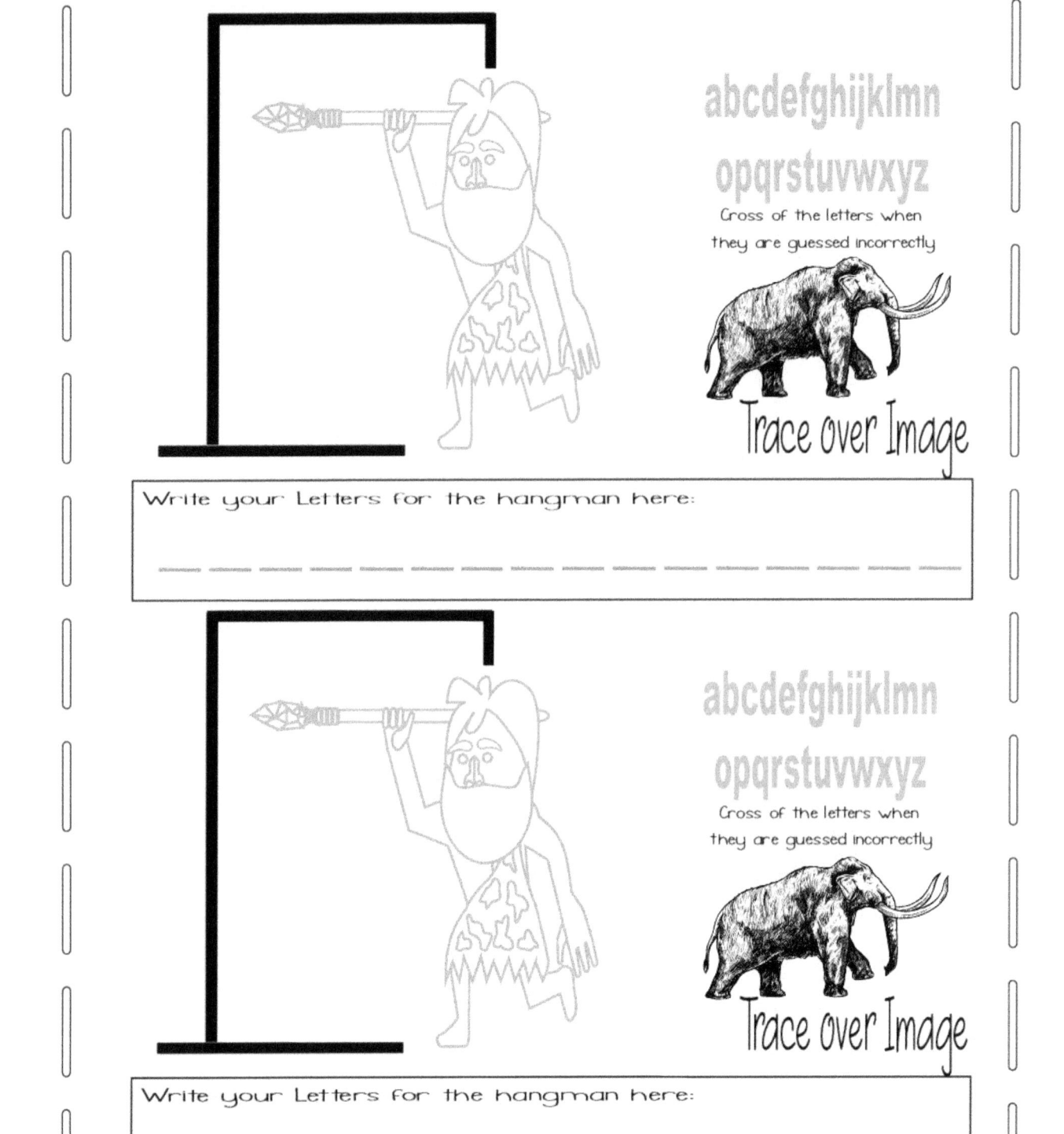

Cross of the letters when they are guessed incorrectly

Trace Over Image

Write your Letters for the hangman here:

abcdefghijklmn
opqrstuvwxyz

Cross of the letters when they are guessed incorrectly

Trace Over Image

Write your Letters for the hangman here:

Maze 6

Dinosaurs Starting With the Letters "N" and "O"

E	R	E	Y	V	U	W	I	N	A	R	U	S	W	R	M
A	C	O	R	N	I	T	H	O	L	E	S	T	E	S	E
K	B	N	R	E	N	O	R	E	I	K	V	E	S	M	W
N	I	P	P	O	N	O	S	A	U	R	U	S	U	X	K
V	Y	T	V	E	N	M	I	L	T	Q	M	U	R	X	A
S	C	T	M	O	B	D	D	R	V	F	G	R	U	N	C
P	U	F	S	M	P	O	E	O	O	K	S	U	A	B	T
N	Q	R	Y	O	J	Z	Y	T	Y	H	U	A	S	O	Y
L	A	M	U	V	F	P	T	P	D	I	R	S	I	T	U
Q	G	N	K	A	U	M	U	A	B	C	U	O	E	H	G
F	O	W	O	M	S	A	F	R	I	L	A	G	M	N	F
D	F	U	W	S	W	O	V	I	Y	O	S	N	O	I	K
B	N	R	H	L	A	E	D	V	A	G	O	U	G	E	B
I	X	F	A	P	X	U	T	O	O	X	T	I	I	L	A
T	J	O	O	C	P	W	R	W	N	A	G	H	X	I	W
L	C	C	C	L	P	X	L	U	H	K	E	S	E	A	M
Z	S	A	O	X	D	A	A	C	S	O	M	N	L	K	K
J	W	T	K	C	C	H	W	Z	N	N	E	A	H	E	L
H	I	E	E	L	D	K	D	V	N	L	N	N	K	Z	R
K	U	B	Q	A	D	G	C	T	W	U	F	M	T	W	G

Word List

nanosaurus   nanshiungosaurus   nemegtosaurus   nipponosaurus

nodosaurus   omeisaurus   ornitholestes   othnielia

oviraptor

DINOSAUR

RAWR!

Dinosaurs Starting With the Letters "P, Q and R"

H	A	O	H	Q	O	S	A	Y	I	K	P	F	M	I	Z
X	M	D	R	K	P	G	V	O	B	F	A	R	S	P	H
Z	G	R	L	J	C	C	A	K	L	K	C	O	P	I	U
Y	K	A	H	J	N	V	F	R	I	I	H	P	O	A	Z
S	W	N	W	C	V	J	U	M	C	S	Y	L	T	T	R
U	S	H	R	L	Z	X	T	N	V	U	R	A	A	N	S
R	U	J	I	J	G	M	Q	T	Q	R	H	T	R	I	B
U	R	G	N	G	Q	Y	J	Z	U	U	I	E	E	T	F
A	U	P	D	I	B	K	U	X	E	A	N	O	C	Z	M
S	A	H	N	M	Q	Q	U	T	N	S	O	S	O	K	H
O	S	V	X	O	Q	H	K	O	A	O	S	A	T	Y	N
S	A	O	J	P	I	L	D	I	D	T	A	U	O	S	F
K	J	X	M	L	U	O	B	V	Z	I	U	R	R	A	Z
R	O	N	P	G	D	Q	O	U	R	S	R	U	P	U	Y
A	I	S	K	B	Q	Z	H	T	F	E	U	S	A	R	L
P	R	L	A	X	J	O	D	U	O	A	S	C	T	U	K
M	J	H	R	C	J	A	G	F	T	U	M	B	Q	S	D
Z	R	L	J	C	I	X	W	H	W	Q	K	P	N	B	L
A	S	U	R	U	A	S	O	R	T	C	A	B	O	R	P
J	B	P	L	T	J	U	M	M	K	V	W	J	C	Y	I

Word List

pachyrhinosaurus   parksosaurus   piatnitzkysaurus   plateosaurus

probactrosaurus   protoceratops   quaesitosaurus   rhabdodon

riojasaurus

Tic Tac Toe!

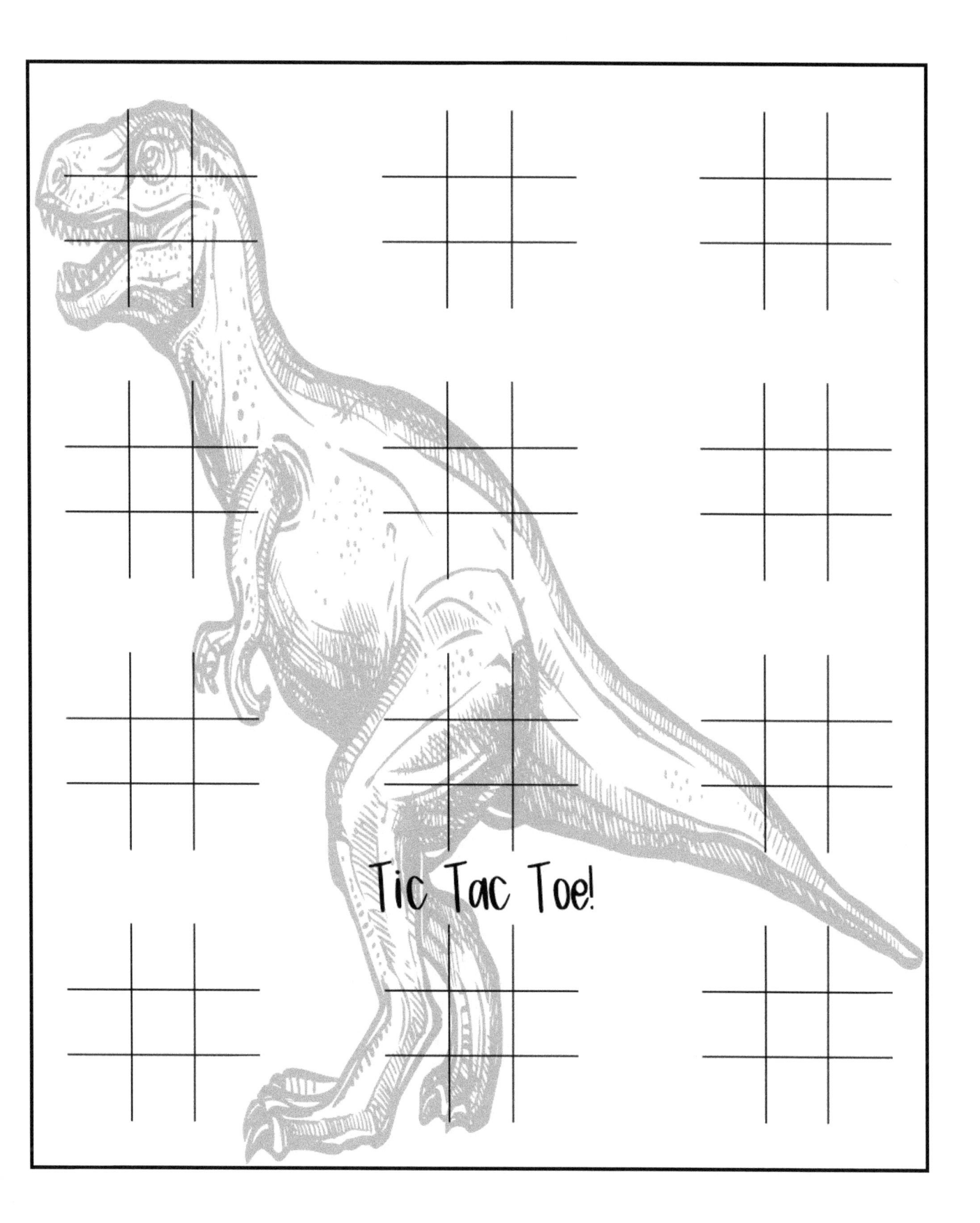

abcdefghijklmn
opqrstuvwxyz

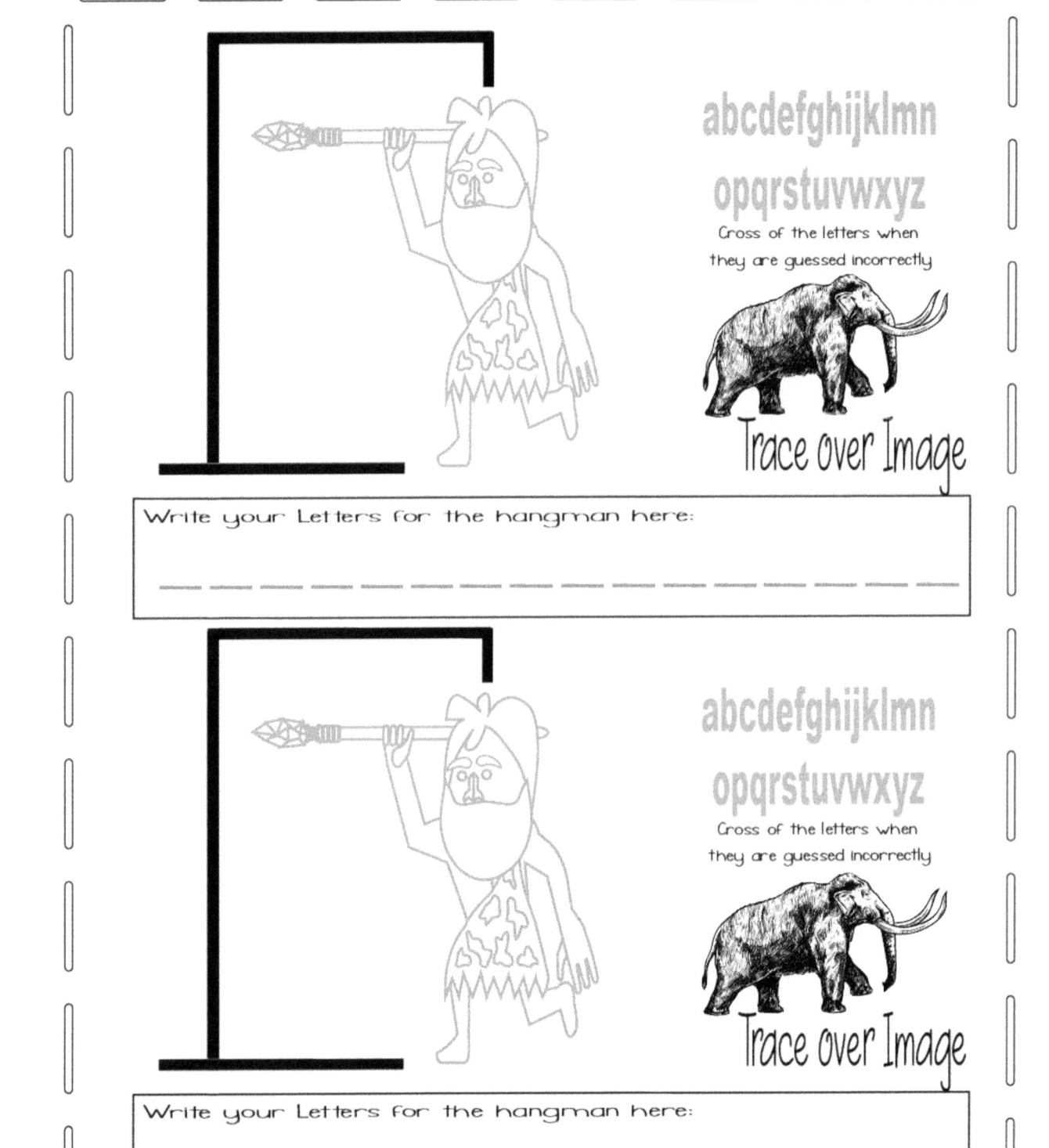

Cross of the letters when they are guessed incorrectly

Trace Over Image

Write your Letters for the hangman here:

___ ___ ___ ___ ___ ___ ___ ___ ___ ___ ___ ___ ___

abcdefghijklmn
opqrstuvwxyz

Cross of the letters when they are guessed incorrectly

Trace Over Image

Write your Letters for the hangman here:

___ ___ ___ ___ ___ ___ ___ ___ ___ ___ ___ ___ ___

Four In A Row!

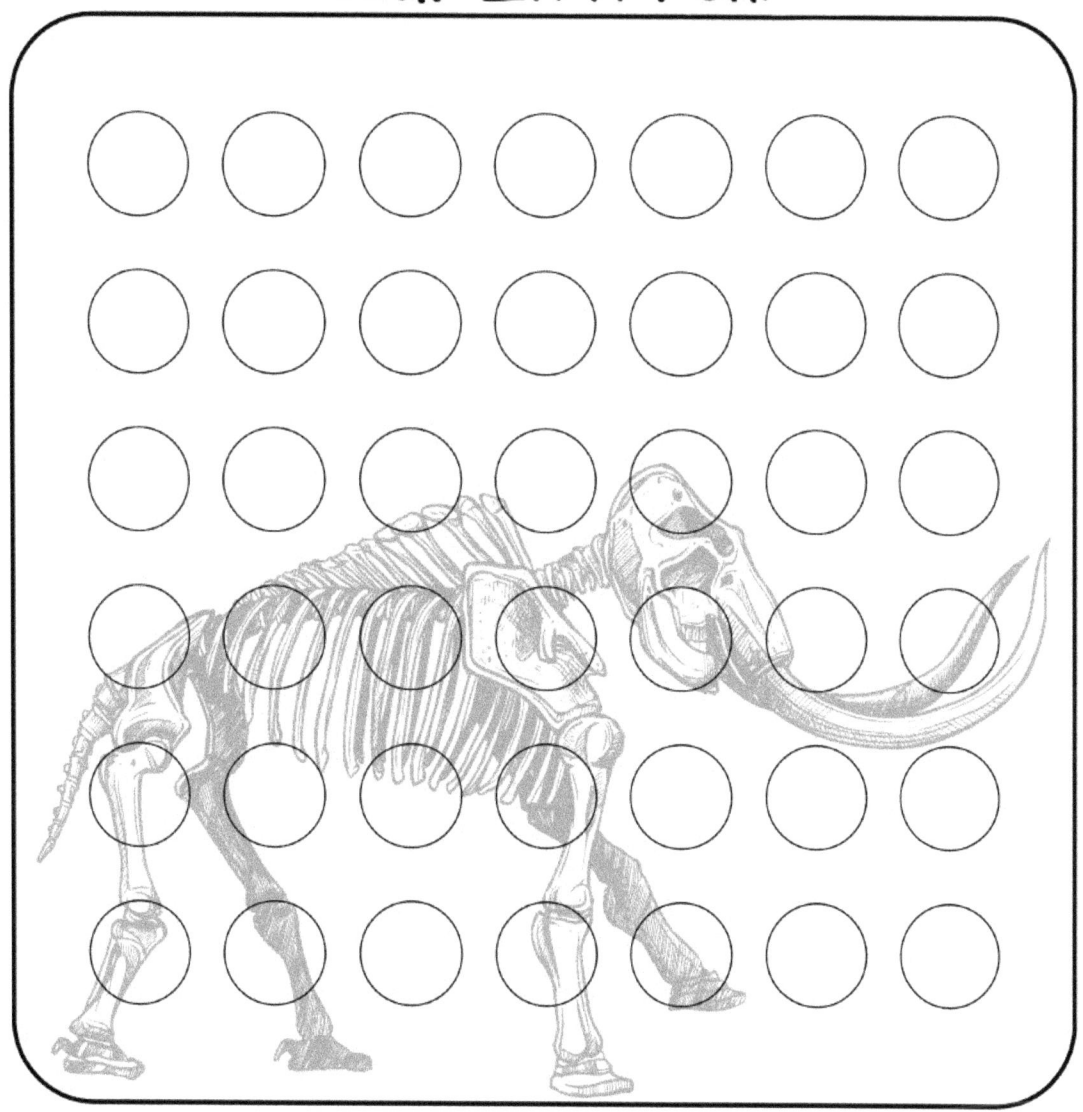

Instructions for no gravity variation

This is a game for two players. They share a board.

Each player has a different color pen.

Players take it in turns to color any circle in their color.

The winner is the first person to connect four circles horizontally, vertically or diagonally.

Instructions for gravity variation

This is a game for two players. They share a board.

Each player has a different color pen.

Players take it in turns to color a circle in their color. They may only color the bottom-most empty circle in any column.

The winner is the first person to connect four circles horizontally, vertically or diagonally.

Dinosaurs Starting With the Letter "S"

C	V	P	R	M	W	O	O	Z	I	T	E	A	F	Y	T
U	L	Y	B	S	H	N	Q	S	T	I	L	R	A	B	J
G	S	G	A	S	U	S	R	D	V	V	F	Q	G	J	M
S	Q	C	J	T	E	R	T	F	S	G	M	X	W	B	X
L	D	N	U	R	L	I	U	E	J	V	V	E	K	K	Y
Z	O	S	J	T	U	E	S	A	N	C	R	C	I	H	K
S	B	S	A	M	E	N	P	M	S	O	O	N	F	P	N
Q	T	L	A	R	U	L	N	O	O	O	P	D	C	E	I
Y	N	O	V	I	C	H	L	U	R	S	G	E	K	E	W
S	S	X	K	U	C	O	C	O	R	U	A	E	L	F	B
U	U	Z	A	E	R	H	L	G	S	Z	A	U	T	I	M
U	R	E	B	C	S	A	A	E	B	A	A	S	R	S	X
J	U	K	C	K	C	O	C	N	S	B	U	Y	X	U	G
B	A	B	V	J	N	H	S	D	I	T	L	R	L	B	S
Z	S	I	B	X	G	M	K	A	L	A	E	A	U	H	K
W	O	Z	N	I	W	J	M	X	U	X	T	S	C	S	W
B	N	B	K	O	M	E	E	W	M	R	B	J	Z	D	Q
O	I	S	H	F	N	N	K	Y	M	H	U	E	R	V	L
F	P	I	W	K	K	F	S	B	A	K	Y	S	V	L	H
F	S	Y	U	J	Y	C	N	V	E	O	O	N	T	V	O

Word List

saichania   sarcolestes   sauropelta   scutellosaurus

seismosaurus   spinosaurus   stegosaurus   stenopelix

stokesosaurus

DINOSAURS ALIVE!

Maze 7

abcdefghijklmn
opqrstuvwxyz

Cross of the letters when they are guessed incorrectly

Trace Over Image

Write your Letters for the hangman here:

---

abcdefghijklmn
opqrstuvwxyz

Cross of the letters when they are guessed incorrectly

Trace Over Image

Write your Letters for the hangman here:

Dinosaurs Starting With the Letter "T"

X	S	U	R	U	A	S	O	L	E	C	E	S	E	H	T
H	U	U	V	D	I	A	D	Z	I	G	L	X	G	B	X
Z	W	T	Y	R	A	N	N	O	S	A	U	R	U	S	B
A	Z	S	P	H	B	G	L	K	M	B	K	S	U	B	Y
I	M	U	C	K	H	X	K	S	R	R	T	X	X	U	Z
H	K	R	T	B	C	W	F	V	C	M	U	E	S	L	R
C	K	U	Q	T	D	D	N	L	Y	S	Z	U	V	S	A
R	Q	A	K	N	I	Q	C	U	U	Y	R	J	D	P	N
A	T	S	A	U	A	N	K	I	E	U	T	R	V	O	B
T	C	O	Y	W	B	J	N	E	A	X	Y	E	U	T	O
R	E	N	Y	A	I	A	H	S	U	D	L	B	N	A	N
E	H	H	W	F	T	Y	O	I	G	S	O	S	X	R	O
P	Z	C	J	V	O	V	F	A	I	H	C	J	Z	E	I
Q	J	E	B	N	R	J	O	N	Z	W	E	H	A	C	F
T	O	T	M	O	B	U	Q	B	W	T	P	K	P	I	X
Q	E	G	T	Z	W	M	E	A	Z	J	H	A	L	R	S
G	M	U	A	V	I	F	A	P	M	H	A	X	T	T	D
M	S	R	R	D	W	R	X	W	S	B	L	Y	C	M	H
N	J	X	U	V	A	V	S	U	W	X	E	R	O	P	T
V	I	I	S	T	I	T	A	N	O	S	A	U	R	U	S

Word List

tanius   tarchia   technosaurus   thesecelosaurus

titanosaurus   torvosaurus   triceratops   tylocephale

tyrannosaurus

Four In A Row!

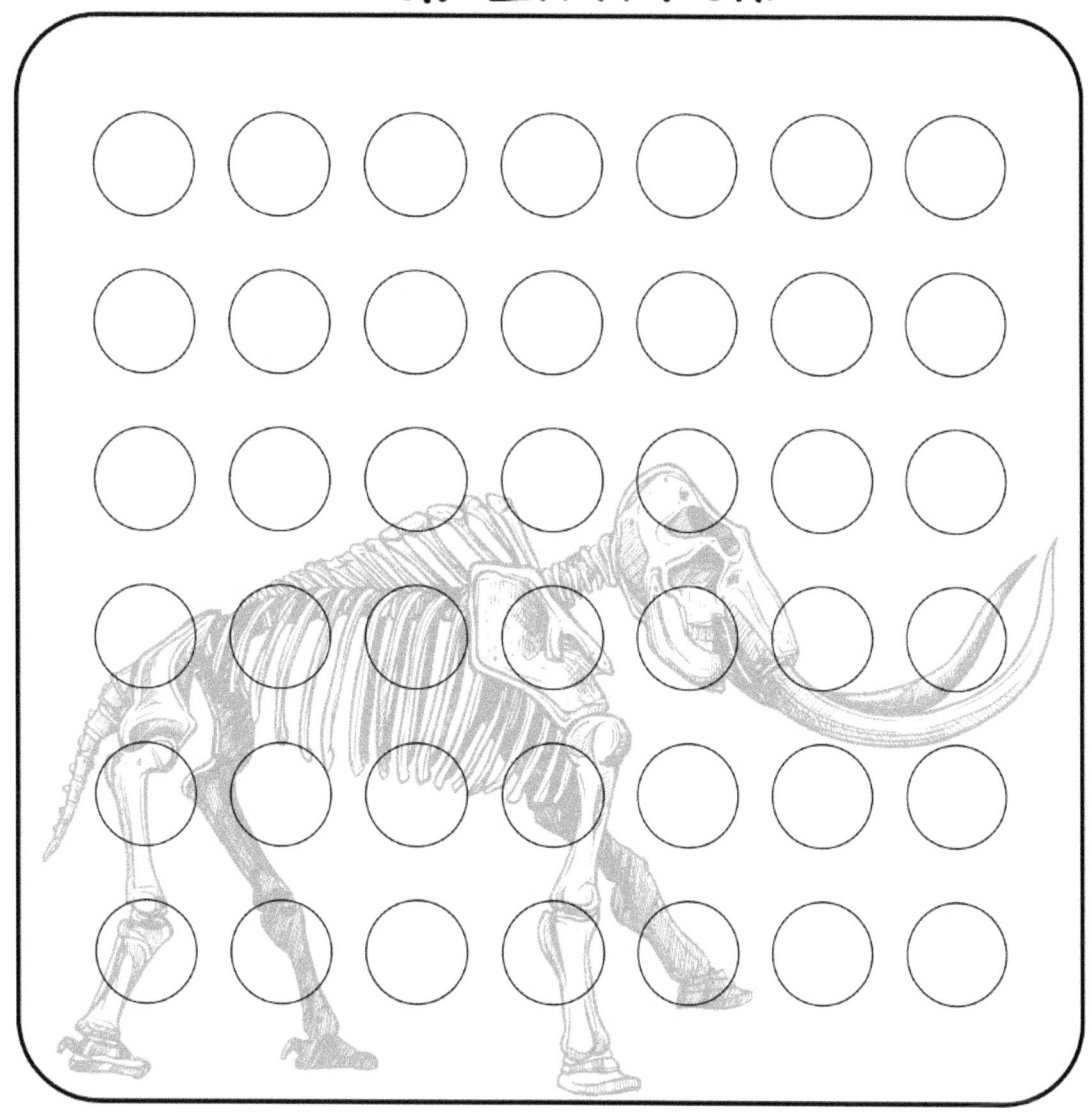

Instructions for no gravity variation

This is a game for two players. They share a board.

Each player has a different color pen.

Players take it in turns to color any circle in their color.

The winner is the first person to connect four circles horizontally, vertically or diagonally.

Instructions for gravity variation

This is a game for two players. They share a board.

Each player has a different color pen.

Players take it in turns to color a circle in their color. They may only color the bottom-most empty circle in any column.

The winner is the first person to connect four circles horizontally, vertically or diagonally.

Tic Tac Toe!

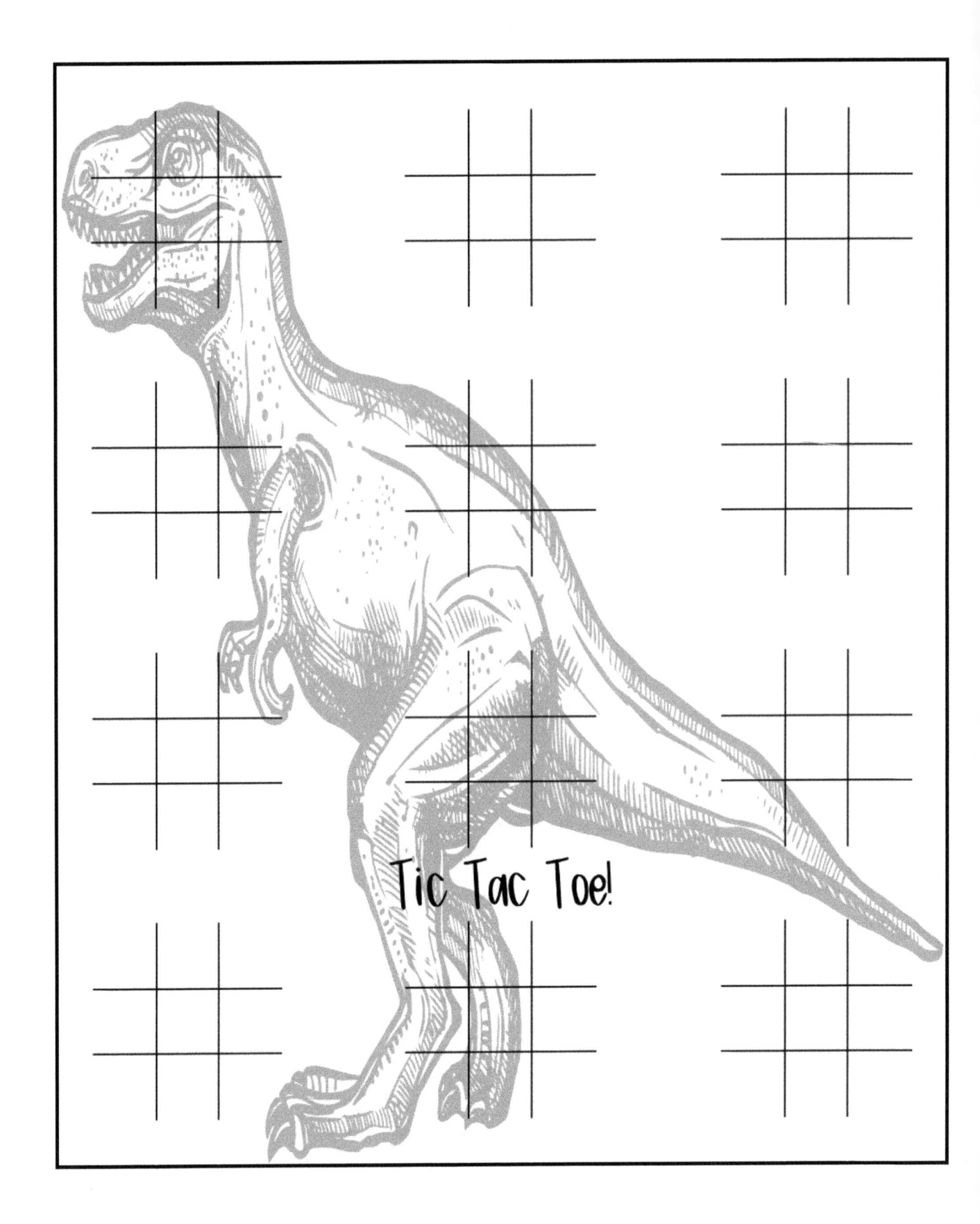

Maze 8

Dinosaurs Starting With the Letters "U, V, W, X, Y and Z"

J	S	K	E	Y	C	W	L	M	K	Q	F	P	R	D	S
I	U	A	C	W	V	P	T	O	Z	M	Y	H	T	F	C
H	R	J	E	R	E	Q	Y	R	A	U	F	R	U	Q	I
B	U	R	A	D	L	L	U	M	V	F	P	L	E	W
S	A	A	R	I	O	I	Q	Q	E	K	T	W	P	A	G
R	S	I	R	L	C	G	Y	J	D	F	A	B	N	P	S
O	O	R	W	V	I	L	R	H	G	C	U	N	T	U	U
T	S	E	E	Y	R	L	I	E	I	S	A	M	T	Z	R
Y	R	M	E	O	A	E	F	C	C	N	U	A	V	C	U
A	A	I	F	W	P	W	W	Q	O	V	H	H	A	Q	A
V	T	E	F	X	T	A	J	S	U	R	S	I	D	D	S
E	O	H	L	I	O	A	A	L	A	I	D	U	Y	Q	O
R	N	K	F	J	R	U	C	P	R	W	X	T	S	E	R
L	E	L	N	L	R	A	T	R	B	G	R	T	Z	V	Y
A	X	O	U	U	N	O	S	N	R	D	Q	Y	O	V	H
N	L	V	S	O	R	Z	T	P	V	F	X	I	K	O	P
D	K	Q	D	Y	B	T	H	Z	I	P	C	H	A	Q	E
I	Y	O	X	N	X	O	P	P	E	C	L	N	H	V	Z
A	N	B	Z	Z	J	N	O	Y	Q	S	J	V	I	Z	G
I	S	U	R	U	A	S	O	G	N	O	H	Z	I	Z	R

Word List

utahraptor   velociraptor   volkheimeria   vulcanodon

wannanosaurus   xenotarsosaurus   yaverlandia   zephyrosaurus

zizhongosaurus

#1 Dinosaur Sudoku

Answer Key
Puzzle 1

Each row, column and 2 x 2 block, contain all 4 items.

column goes
row goes

#2 Dinosaur Sudoku

Answer Key
Puzzle 2

Each row, column and 2 x 2 block, contain all 4 items.

column goes

row goes

Answer Key

How Many Can You Find? DINOSAURS

🐘	3	🌋	4	🦕	5	🦅	4	🦖	3
🥚	8	🦕	3	🦕	3	🦖	5	🌴	4

Dinosaurs

Era of the Dinosaurs

Dinosaurs Starting With the Letter "A"

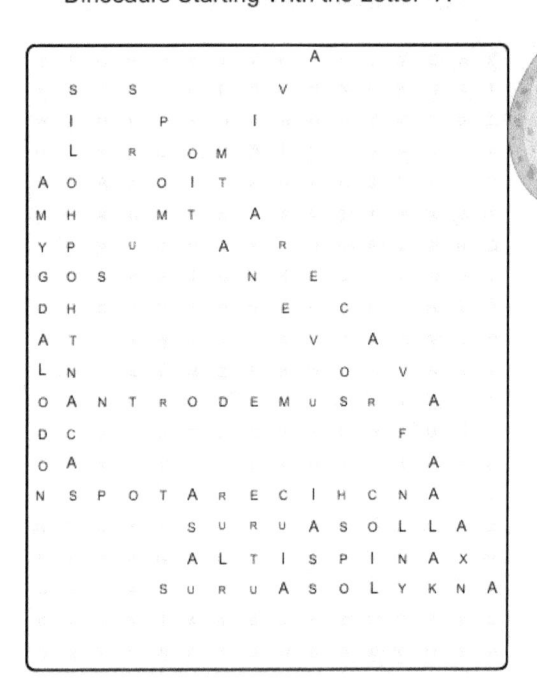

Dinosaurs Starting With the Letter "B"

Dinosaurs

Dinosaurs Starting With the Letter "C"

(word search puzzle)

Dinosaurs Starting With the Letter "D"

(word search puzzle)

Dinosaurs Starting With the Letter "E"

(word search puzzle)

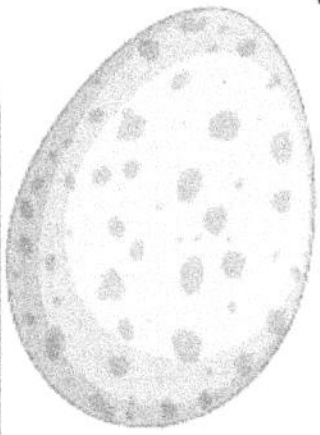

Dinosaurs Starting With the Letters "F" and "G"

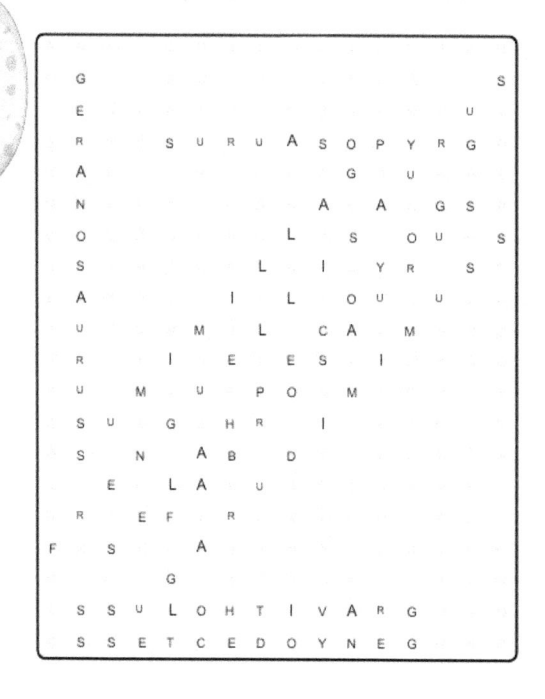

(word search puzzle)

DINOSAURS

Dinosaurs Starting With the Letter "H"

```
                              H
                              E
                          P
                      T   S H S
                    A   U E   U
                  S H R R     R
                T A u R   S   U
              E D A E H u H H A
            O R S R A R Y Y   S
          R O O A R u P P     O
        N S G S P A A S       E
        I A N A Y S C I       A
    S u A u M O R L           L
    R Y R I T O O             Y
  u A u M I S P               H
S u S u L A H
H     S P u O
      O R D
      H u O
      S N
```

Dinosaurs Starting With the Letters "I, J, K and L"

```
              S                           L
              U                           A
              R                           B
              U                       O
                A           C             J
            S       S       A             A
          K P       O N     E             X
        A E O         I E                 A
S     I N T     A         B               R
N     N T A               M               T
O     U E R R             A               O
T   O A   G O E           L           S
    E N S   N S C             A
      M A A   I A O                   U
        I u T   u T                   R
          R G O     R P           U
              u   I K         U E S
                S                 S L
```

Dinosaurs Starting With the Letter "M"

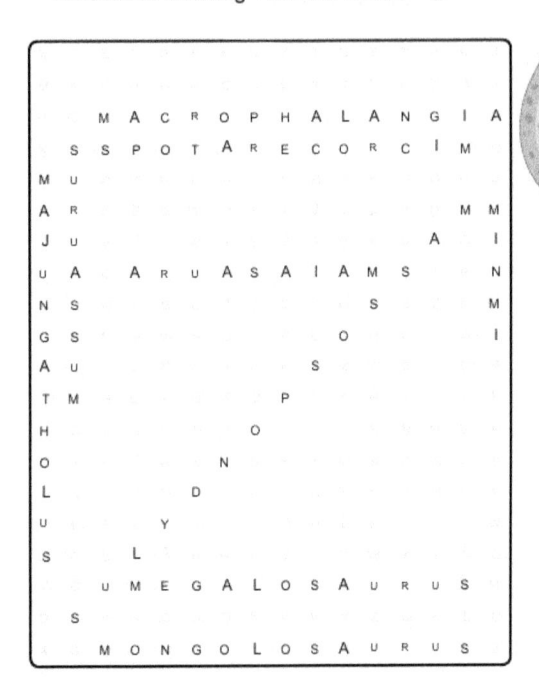

```
                M A C R O P H A L A N G I A
          S S P O T A R E C O R C I M
    M u
    A R                               M M
    J u                       A         I
    U A   A R u A S A I A M S         N
    A S                   S           M
    N S                                 I
    G S                 O
    A u                   S
    T M           P
    H           O
    O
    L     N
    u         D
    S         Y
            L
        u M E G A L O S A u R u S
      S
        M O N G O L O S A u R u S
```

Dinosaurs Starting With the Letters "N" and "O"

```
          O R N I T H O L E S T E S
                              S
    N I P P O N O S A u R u S U
                  R         R U
    S             O         U A
    u             T     S u A
    N   R         u   A S O
    A   u         P   R S I T
      N   A       A   U O E H
        O S       R   A G M N
          S   O   I   S N O I
            A   D V   O u   E
              u   O   T I   L
                R   N G H   I
                    u E S   A
                  S   M N
                      E A
                      N N
```

DINOSAURS

Dinosaurs Starting With the Letters "P, Q and R"

Dinosaurs Starting With the Letter "S"

Dinosaurs Starting With the Letter "T"

Dinosaurs Starting With the Letters "U, V, W, X, Y and Z"

Maze 1

Maze 2

Maze 3

Maze 4

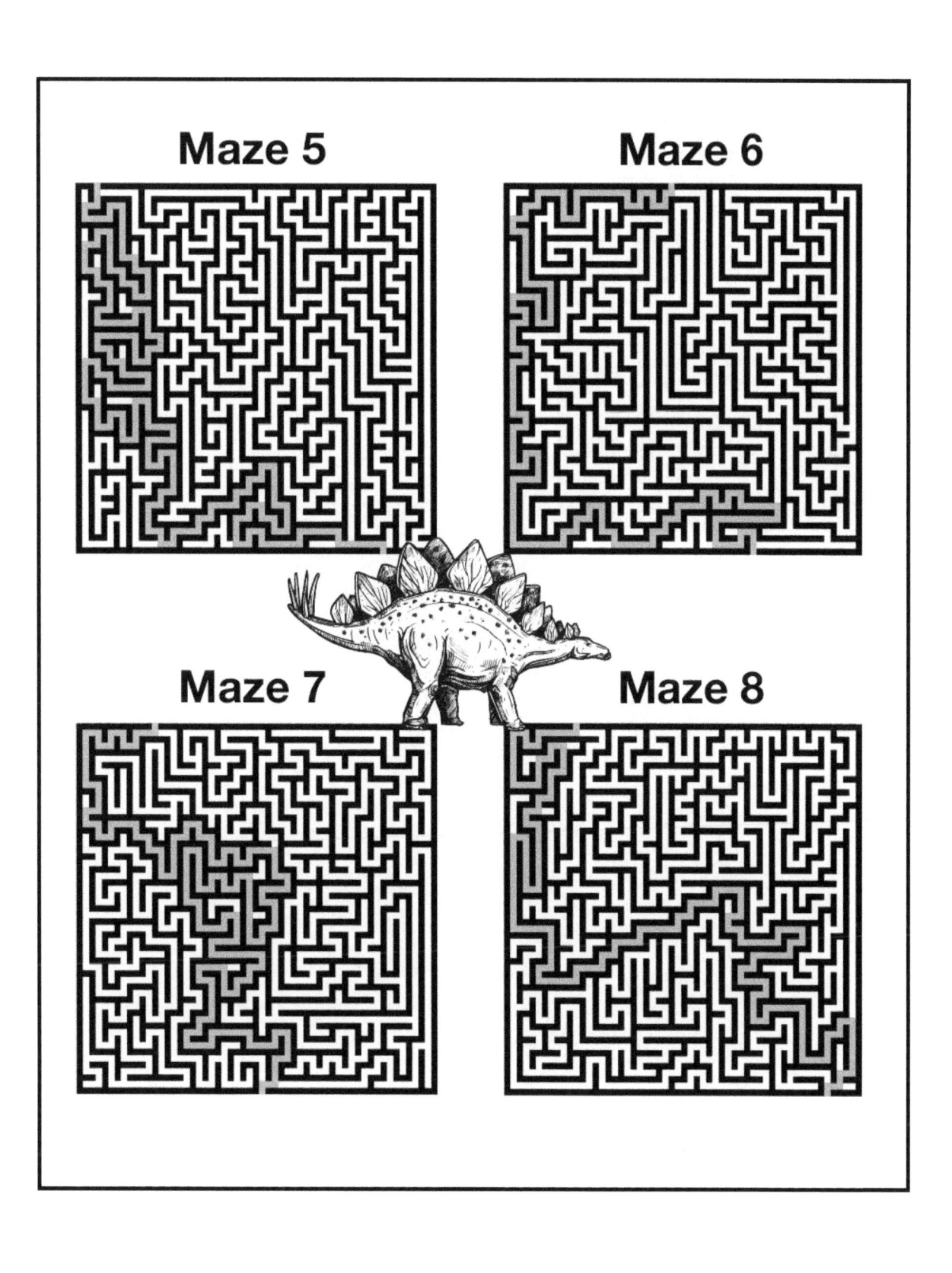

Maze 5

Maze 6

Maze 7

Maze 8

Puzzle 1

				D						
				I						
				N						
				O						
	F	O	S	S	I	L				
				A			P			
				U			R			
		C	A	R	N	I	V	O	R	E
							H			
P	A	L	E	O	N	T	O	L	O	G	I	S	T
							S			
		R					T			
	E	X	T	I	N	C	T	I	O	N
		P					O			
		T					R			
		I					I			
		L					C			
	H	E	R	B	I	V	O	R	E	